ALLOCUTION

PRONONCÉE PAR

Son Exc. Monseigneur l'Archevêque de Reims

AUX FUNÉRAILLES DU GÉNÉRAL CHANZY

le 10 Janvier 1883, dans l'Eglise de Buzancy

Conserver la Couverture

IMPRIMERIE COOPÉRATIVE DE REIMS

(N. Monce, dél.)

24, RUE PLUCHE, 24

1883

ALLOCUTION

PRONONCÉE PAR

Son Exc. Monseigneur l'Archevêque de Reims 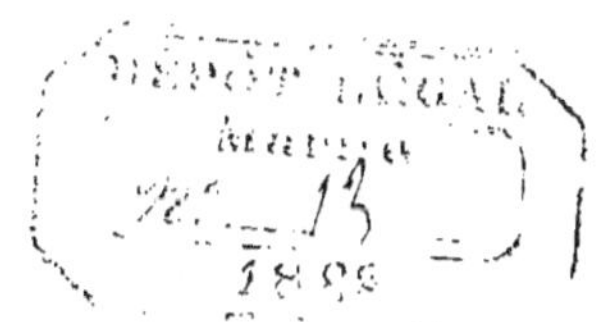

AUX FUNÉRAILLES DU GÉNÉRAL CHANZY

le 10 Janvier 1883, dans l'Église de Buzancy

IMPRIMERIE COOPÉRATIVE DE REIMS

(N. MONCE, dél.)

24, RUE PLUCHE, 24

—

1883

ALLOCUTION

PRONONCÉE

PAR SON EXCELLENCE MONSEIGNEUR L'ARCHEVÊQUE DE REIMS

AUX FUNÉRAILLES DU GÉNÉRAL CHANZY

le 10 Janvier 1883, dans l'Eglise de Buzancy.

MES TRÈS-CHERS FRÈRES,

Avant de terminer les prières que la sainte Eglise catholique a mises sur nos lèvres pour le repos de l'âme qui vient de retourner à son Créateur, avant de confier à la terre cette dépouille qui doit ressusciter glorieuse, vous me demandez de traduire les émotions qui vous pressent en laissant un moment parler mon cœur; c'est, d'ailleurs, mon devoir pastoral de résumer, en quelques paroles, les enseignements qui ressortent de cette douloureuse, mais vraiment admirable et fortifiante cérémonie.

A Châlons, il y a deux jours, la France, par ses plus illustres représentants, venait rendre les honneurs suprêmes au glorieux soldat qui, depuis plus de trente ans, l'avait servie et défendue sur les champs de bataille, au travers des plus grands périls. L'Afrique, les montagnes du Liban, les plaines de la Lombardie, les rives de la Loire, surtout, où il défendait pied à pied le sol de la patrie, diront assez aux générations à venir les services et la gloire militaire du général Chanzy.

Cet héroïque soldat était encore à la tête de ses troupes décimées lorsque vous l'avez nommé, à son insu, votre représentant. La paix signée malgré lui, pour continuer à servir la France, il devient successivement administrateur et diplomate.

L'Algérie se réorganise rapidement sous sa direction, à la fois paternelle et ferme. A Saint-Pétersbourg, il saura nous rendre la Russie bienveillante, parce qu'il a conquis, en peu de jours, l'estime et l'affection du Czar. Au milieu des insignes de l'honneur déposés au pied de ce cercueil, vous pouvez en remarquer un, couvert de diamants plus riches que les autres, et qu'il était heureux de faire briller sur son cœur, ici, il y a quelques mois, au jour de la confirmation de ses enfants. C'est la décoration avec laquelle mourait l'empereur Alexandre II, et que Alexandre III détachait de sa propre main pour la placer sur la poitrine du général Chanzy, en lui disant : « Vous étiez le meilleur ami « de mon père, personne n'est plus digne que vous « de la porter. »

Sur sa demande, il est relevé de ses fonctions

d'ambassadeur ; et bientôt, placé à la tête du sixième corps d'armée, il est chargé de garder cette frontière vers laquelle se tournent tous les regards patriotiques. Or, je le demande, à quelles mains plus habiles ou plus vaillantes aurait-on pu la confier ? Aussi, quelle douleur, quel deuil, quand retentit tout-à-coup cette nouvelle fatale : *Chanzy est mort !* De Dunkerque à Bayonne, de Brest à Toulon ; à Metz, à Strasbourg, tous les cœurs français sont atteints comme ils l'étaient aux jours où mouraient Bayard et Duguesclin.

C'est que Dieu venait de nous ravir, non-seulement une gloire, mais une espérance !

Un aveu venu jusqu'à nous d'au-delà de la frontière, nous révélerait au besoin l'immensité de notre perte !

Nous l'avons sentie, cette perte, plus que tous les autres, nous, enfants des Ardennes, nous, dont il était le concitoyen, le bienfaiteur et l'ami.

Avec la France, nous l'honorions hier ; aujourd'hui nous venons pleurer et prier avec ceux qui perdent en lui un époux, un frère, un père,... et quel père !... un seul mot nous le dira.

Il y a dix-huit mois (c'était au jour de la confirmation), à cette place, qu'il occupait tous les dimanches, je le vois encore ! il pâlit tout à coup, des larmes coulent sur son mâle visage, pendant que ses enfants, interrogés sur le catéchisme, répondent à nos questions ; et après la cérémonie, il nous disait :

« J'ai vu souvent la mort de près sans trembler, j'ai
« tremblé tout-à-l'heure quand vous avez interrogé
« ma fille. »

Il était bon pour tous ; vous le savez mieux que
personne vous qui l'avez connu depuis son enfance,
vous ses amis, vous ses compagnons d'armes.

Mais d'où lui venait cet assemblage de qualités
éminentes qui ont fait de lui un homme si parfait
dans la vie privée ; sur le champ de bataille, un
capitaine si puissant ; dans la vie publique un si grand
citoyen, planant au-dessus des partis, servant son
pays avec un noble désintéressement, prodiguant
partout sans calculer, son activité, son intelligence,
son sang ?

Lui-même nous l'a dit à Vouziers le 12 décembre
1881, en prononçant sur la tombe d'un ami les belles
paroles dans lesquelles il nous révèle tout le secret
de sa grandeur : « Véritable homme de bien, il a
« rempli sa tâche sur cette terre, sans ostentation,
« comme sans faiblesse, en faisant constamment son
« devoir ; il était de ceux qui ont conservé intactes
« LES NOBLES CROYANCES QUI ONT FAIT DE LA
« FRANCE LE GLORIEUX PAYS DE LA FOI, DES IDÉES
« GÉNÉREUSES ET DE L'HONNEUR. »

Ces sentiments, il les affirmait encore publique-
ment trois jours avant sa mort : « LA RELIGION EST
« LA SOURCE DU VRAI PATRIOTISME ; elle met au foyer
« domestique l'ordre et le bonheur ; sans elle, il n'y
« a pas d'homme complet. »

Gardons ce souvenir et ces impressions, Messieurs.

Gardez-les, vous surtout, bons habitants de Buzancy, à qui il a voulu confier sa tombe, préférant une place dans votre modeste cimetière à celle qui lui était offerte, et qui lui était bien due à côté des plus braves, sous le dôme glorieux des Invalides.

Bossuet a dit du Prince de Condé : « Son ombre eût pu encore gagner des batailles. » La vôtre, ô Général, nous apprendra les mâles et chrétiennes vertus qui font les bons citoyens, qui préparent la grandeur des peuples et leur assurent la victoire au jour des combats !

Imprimerie coopérative de Reims, rue Pluche, 24 (V. Moxor, del.)